AF313323

VENTE PAR SUITE DE DÉPART

ATELIER

DE

G. CASTIGLIONE

HOTEL DROUOT, SALLE N° 1

Les Mardi 16 et Mercredi 17 Avril 1889

A DEUX HEURES ET DEMIE

Mᵉ LÉON TUAL

COMMISSAIRE-PRISEUR

56, rue de la Victoire

EXPERTS

Pour les Tableaux :

MM. HARO FRÈRES

PEINTRES-EXPERTS

14, rue Visconti, et 20, rue Bonaparte

Pour les Objets d'art :

M. A. BLOCHE

EXPERT

25, rue de Châteaudun

1889

18847. — IMPRIMERIES RÉUNIES, A, RUE MIGNON, 2, PARIS

CATALOGUE

DES

TABLEAUX

ET

ÉTUDES

PAR

G. CASTIGLIONE

OBJETS DE CURIOSITÉ

ÉTOFFES, COSTUMES, INSTRUMENTS DE MUSIQUE

MEUBLES, CHEVALETS, ETC.

GARNISSANT L'ATELIER DE L'ARTISTE

DONT LA VENTE AURA LIEU

PAR SUITE DE SON DÉPART

HOTEL DROUOT, SALLE N°. 1

Les Mardi 16 et Mercredi 17 Avril 1889

A DEUX HEURES ET DEMIE

EXPOSITION PUBLIQUE LE LUNDI 15 AVRIL 1889

DE UNE HEURE ET DEMIE A CINQ HEURES

Mᵉ LÉON TUAL

COMMISSAIRE-PRISEUR

56, rue de la Victoire

EXPERTS

Pour les Tableaux :	Pour les Objets d'art :
MM. HARO FRÈRES	**M. A. BLOCHE**
PEINTRES-EXPERTS	EXPERT
14, rue Visconti et 20, rue Bonaparte	25, rue de Châteaudun

1889

CONDITIONS DE LA VENTE

Elle sera faite au comptant.

Les acquéreurs payeront *cinq pour cent* en plus du prix d'adjudication.

TABLEAUX

1 — Amalfi ; Italie, seizième siècle.

Salon de 1884.
Signé à gauche.

T. — H., $1^m,15$. L., $1^m,05$.

2 — Prêts à se battre.

Salon de 1884.
Signé à droite.

B. — H., $0^m,54$. L., $0^m,72$.

3 — Otello chez Brabanzio.

Signé à gauche.

T. — H., $0^m,70$. L., $1^m,14$.

4 — Le Parc de Haddon-Hall dans le Derbyshire (Angleterre).

Signé à gauche.

T. — H., 0^m,67. L., 1^m,18.

5 — A la villa Torlonia (Frascati).

Signé à gauche.

T. — H., 0^m,65. L., 1^m,18.

6 — La Pêche.

Signé à gauche.

T. — H., 0^m,65. L., 0^m,54.

7 — Sur la terrasse du Palais-Royal à Naples.

Signé à droite.

T. — H., 0^m,65. L., 0^m,54.

8 — La Salle d'armes anciennes au château de Turin.

T. — H., 0^m,69. L., 1^m,02.

9 — La Déclaration dédaignée.

Signé à gauche.

T. — H., 0^m,49. L., 0^m,40.

10 — Galante Sérénade.

Signé à gauche.

B. — H., 0^m,42. L., 0^m,67.

11 — Le Violoncelle.

Signé à gauche.

H., 0^m,42. L., 0^m,33.

12 — Repentir.

Signé à gauche.

B. — H., 0^m,32. L., 0^m,25.

13 — A l'antichambre.

Signé à gauche.

T. — H., 0^m,37. L., 0^m,28.

14 — L'Attente.

Signé à droite.

B. — H., 0^m,41. L., 0^m,31.

15 — Vue de l'arsenal et du golfe de Naples.

Signé à droite.

T. — H., 0^m,64. L., 0^m,87.

16 — A Capri (Naples).

Signé à gauche.

T. — H., 0^m,59. L., 0^m,37.

17 — Joyeuse Compagnie.

Signé à gauche.

B. — H., 0^m,40. L., 0^m,53.

18 — Le Morceau difficile.

Signé à droite en haut.

T. — H., 0^m,48. L., 0^m,43.

19 — Taquinerie.

Signé à gauche.

T. — H., 0^m,48. L., 0^m,37.

20 — La Cueillette des fleurs.

T. — H., 0^m,43. L., 0^m,33.

21 — Santa-Maria in Transtevere (Rome).

Signé à gauche et daté 1857.

T. — H., 0^m,34. L., 0^m,50.

22 — La Terrasse du parc.

Signé à droite.

B. — H., 0^m,31. L., 0^m,49.

23 — Les Aqueducs de la campagne
remaine.

Signé à droite.

T. — H., 0^m,42. L., 0^m,66.

24 — Palais Rezzonico à Venise.

> T. — H., 0^m,48. L., 0^m,67.

25 — Un Visiteur ; parc de Haddon-Hall.

Signé à droite.

> T. — H., 0^m,37. L., 0^m,54.

26 — L'Entrée du vieux château (Haddon-Hall).

Signé à gauche.

> T. — H., 0^m,32. L., 0^m,55.

27 — La Terrasse du palais Alibrantei (Frascati).

Signé à gauche.

> T. — H., 0^m,48. L., 0^m,80.

28 — La Salle des ambassadeurs au palais ducal à Venise.

Signé à droite.

> T. — H., 0^m,64. L., 0^m,86.

29 — Salle du palais ducal à Venise.

Signé à droite.

T. — H., 0^m,58. L., 1^m,05.

30 — La Réception.

Signé à gauche.

B. — H., 0^m,48. L., 0^m,31.

31 — Vue prise à la villa Pamfili (Rome).

T. — H., 0^m,19. L., 0^m,50.

32 — Vue de Rome prise de Frascati.

T. — H., 0^m,23. L., 0^m,60.

33 — Tête de jeune fille.

T. — H., 0^m,35. L., 0^m,28.

34 — Tête de jeune fille.

B. — H., 0m,44. L., 0m,33.

35 — Un coin de l'armeria de Turin.

T. — H., 0m,34. L., 0m,26.

36 — Au musée de Cluny.

T. — H., 0m,64. L., 0m,52.

37 — Bords de rivière; effet de lune.

T. — H., 0m,27. L., 0m,47.

MEUBLES

INSTRUMENTS DE MUSIQUE, ÉTOFFES, TAPIS

OBJETS DIVERS

38 — Meuble Crédence en chêne sculpté,
ouvrant à deux portes et garni de
deux tiroirs avec têtes de masques
et montants formés par des caria-
tides et chimères ; époque Renaissance.

39 — Coffre à dossier en chêne sculpté,
seizième siècle

40 — Coffre à dossier en chêne sculpté,
couvert en velours vert, style
Louis XIII.

41 — Grande Armoire en chène sculpté à rosaces et moulures, époque Louis XIV.

42 — Petite Console en chène sculpté, époque Louis XIV ; dessus en marbre.

43 — Petite Console en bois sculpté et doré.

44 — Petite Crédence à étagères, formant vitrine, dans le bas style Louis XIII.

45 — Bureau à dos d'àne en marqueterie, orné de bronze, époque Louis XV.

46 — Grand Écran ancien en bois sculpté et doré du Japon.

47 — Fauteuil forme X en bois de marqueterie, orné d'incrustations d'ivoire,
, travail de Milan.

48 — Fauteuil en bois sculpté et décoré,
époque **Louis XIV**.

49 — Fauteuil en chêne, couvert en broca-
telle rouge, époque **Renaissance**.

50 — Chaise en bois à colonnes torses,
époque **Louis XIII**.

51 — Chaise en chêne sculpté, couverte en
cuir de Cordoue, époque **Louis XIII**.

52 — Deux Escabeaux en chêne sculpté,
époque **Louis XIII**.

53 — Petite Table en noyer sculpté, époque
Louis XIII.

54 — Cadre en bois sculpté et doré, seizième
siècle, travail vénitien.

55 — Cadre en bois sculpté et doré, travail
florentin.

56 — Cadre ovale en bois sculpté et doré,
travail florentin.

57 — Glace avec cadre en cuivre, époque
Louis XIII.

58 — Glace ovale, biseautée avec cadre doré.

59 — Cadre en bois noir guilloché, style
florentin.

60-85 — Instruments : Violoncelles, Guitare,
Luth, Violons, Mandolines, Instruments en cuivre, Tambour, etc.

(Sera divisé.)

86 — Lustre en fer forgé à six lumières,
époque Louis XIII.

87 — Armure complète en fer, époque
Louis XIII.

88 — Petite Armure analogue.

89 — Poignard époque Louis XIII.

90 — Poudrière ancienne en os gravé.

91-92 — Deux Aiguières et Plateaux en cuivre ancien d'Orient.

93 — Jardinière ovale ancienne en cuivre d'Orient.

94 — Vase à anse en cuivre d'Orient.

95-96 — Deux Casques en fer, époque Louis XIII.

97 — Coffrets en bois avec appliques d'étoffes brodées, époque Louis XIII.

98 — Coffret ancien en verre, décoré de
fleurs peintes ; travail vénitien.

99 — Deux Bouteilles en ancienne faïence
de Delf, décor bleu sur blanc.

100 — Trois autres Bouteilles même faïence.

101 — Deux Bouteilles en ancienne porcelaine de Chine craquelée, décorés
de sujets mondains en bleu.

102 — Petite Potiche en porcelaine du
Japon, décor polychrome.

103 — Fronton en bois sculpté, orné d'une
glace.

104 — Deux petits Miroirs en cuivre.

105-120 — Lot de Verreries, Porcelaines, Faïences.

(Sera divisé.)

121 — Portière en velours avec bandes de tapisserie au point, fond crème, époque Louis XIII.

122 — Deux Lambrequins en damas jaune, époque Louis XIV.

123 — Costume de moine.

124-150 — Lot de Costumes et Étoffes anciens et modernes.

(Sera divisé.)

151-160 — Plusieurs Chevalets et Ustensiles
d'atelier d'artiste.

161-165 — Lot de Cadres modernes.

(*Sera divisé.*)

166-174 — Tapis persans.

(*Sera divisé.*)

175 — Coupe avec couvercle en poterie
étrusque.

176 — Objets non catalogués.

IMPRIMERIES RÉUNIES, **A**, RUE MIGNON, 2, PARIS. — 18847

9 782329 535067